AF349537

LETTRES

PATENTES DV ROY,

POVR LA REVOCATION ET
suppreſſion des charges de Conneſtable & Admiral de France.

*uës & publiées à Rouen en Parlement l'audience ſeant, le
ſaizieſme iour d'Auril, mil ſix cens vingt-ſept.*

A ROVEN.
DE L'IMPRIMERIE.
e MARTIN LE MESGISSIER, Imprimeur
ordinaire du Roy, tenant ſa boutique auhaut
des degréz du Palais.

M. D. C. XXVII.
Auec Priuilege dudiƈt Seigneur.

5

Du Vendredy ſaiziéme iour, d'Auril mil ſix cens vingt-ſept, à Rouen en la Cour de Parlement.

APRES lecture judiciairement faicte des Lettres patentes en forme d'Edict, données à Paris au mois de Ianuier dernier, Par leſquelles le Roy pour les conſiderations y contenus, A reuoqué, eſtaint & ſupprimé à perpetuité les charges de Conneſtable & Admiral de France vacantes à preſent, ſuiuant qu'il eſt contenu par leſdictes lettres, & autres Lettres patentes données à Saint Germain en Laye au mois d'Octobre mil ſix cens vingt-ſix, Par leſquelles ledict Seigneur à creé, faict, & erigé en tiltre d'office formé la charge de Grand Maiſtre, chef, & ſur-Intendant general de la Nauigation & commerce

de France, & iceluy office donné & octroyé
au sieur Cardinal de Richelieu, pour en iouyr
& vser aux honneurs, auctoritez, pouuoir,
iurisdiction, prerogatiues, préeminences &
droictz y mentionnez. Ouy voisin pour ledict sieur Cardinal de Richelieu, Ensemble du
Viquet pour le Procureur General du Roy.
LA COVR à ordonné & ordonne
que sur le reply desdictes lettres patentes
sera mis quelles ont esté leuës, publiées, & registrées, Ouy & ce requerant le Procureur
General du Roy, Aux charges, clauses, con-
ditions & modifications contenuës en l'arrest
de ladicte Cour, donné les Chambres assemblées sur la verification desdictes lettres le
quinziéme de ce mois, Seront les coppies d'i-
celles auec ledict arrest enuoyez tant au Siege
general de la Table de Marbre que aux autres
Sieges particuliers de l'Admirauté, ainsi
qu'és autres Sieges royaulx des Bailliages de
ce ressort, pour y estre pareillement leuz, pu-
bliez, gardez & obseruez selon leur forme &
teneur. Desquelles lettres la teneur ensuyt.

OVIS
PAR LA
GRACE DE
DIEV, ROY DE
FRANCE ET DE
NAVARRE: A tous
presens & à venir,
Salut. Comme l'or-
dre necessaire au bon gouuernement requiert
d'autres loix en la paix, & d'autres en la guerre, selon que les differentes occasions qui se
present donnent subject à la difference des
establissements, La prudence oblige aussi de
conduïre en telle sorte la police des estatz,
que ce qui se faict en la paix, ne puisse nuire
lors que l'Estat est agité de troubles & fa-
ctions, Et ce qui se faict pour la guerre, ne
porte consequence ny prejudice lors que
l'Estat est en tranquilité. C'est pourpuoy les
antiennes ordonnances & coustumes de ce
Royaume ont sagement vsé de diuers Regle-

ments de police, & de Iustice en la paix ; & en
la guerre, donnant aux charges que l'occasion
faisoit establir autant de pouuoir que l'estat
des affaires le pouuoit requerir, dont il resul-
toit plusieurs grandes vtilitez, Soit au soula-
gement du peuple par le retranchement en la
paix, de plusieurs despenses que la guerre ren-
doit necessaires, soit en la liberté plus grande
pour le choix des personnes ausquelles on dô-
noit les commandements selon les occasions,
& plusieurs autres aduantages assez congneus
d'vn chacun.   Ce qu'ayant mis en consideration a present que les charges de Connestable
& Admiral de France se trouuent vaccantes,
L'vne par la mort de nostre Cousin le Duc de
Lesdiguieres, Et l'autre par la demission qu'en
à faicte en noz mains nostre Cousin le Duc de
Montmorency, Ayant esté remarqué en di-
uerses rencontres combien ces charges sont
onereuses, soit durant la guerre pour laquelle
particulierement elles ont esté establies, où
en temps de paix. SCAVOIR FAISONS,
Que voulant embrasser tous les moyens de
soulager nostre peuple tant par la diminution
sur nostre despense, des grands appointeméts,
gaiges, & pensions attachez à ces charges en
paix, & en guerre ; Euiter les inconuenients

de la grandeur & puiſſance en laquelle elles ſe
font eſleuées par le temps auec vn pouuoir ſi
abſolut que noz armées de la terre & de la
Mer, l'authorité ſur noz autres gens de guerre
L'adminiſtration de noz finances deſtinées à
l'entretenement de noſtre gendarmerie, ſem-
blent dependre reſpectiuement de la diſpoſi-
tion de ceulx qui en eſtoient pourueuz, Et
deſirant pourueoir meurement a tout ce qui
peult ſeruir au bon gouuernement de cét
Eſtat, ſuiuant en cela le bon exemple de pluſieurs Roys noz predeceſſeurs, qui ont ſou-
uentesfois intermis de pouruoir auſdictes
charges, Et par le deſſein que nous auons
d'employer ſeulement en l'exercice d'icelles
de temps en temps lors que les occaſions s'of-
friront des perſonnes de grand merite & ver-
tu, exciter les Seigneurs & Gentilshommes
de noſtredict Royaume, de ſe rendre capables
& dignes de cét employ, comme le plus émi-
nent & releué ou ils puiſſent aſpirer, & qui
ſeruira de marque à leur poſterité de la grandeur de leur courage, & de preuue infaillible
de leur fidelité enuers nous & la choſe publi-
que. DE L'ADVIS de noſtre Conſeil,
auquel eſtoient la Royne noſtre tres-honorée
Dame & Mere, Noſtre tres-cher & tres-amé

Frere le Duc d'Orleans, Pluſieurs Princes Ducz, Pairs & Officiers de noſtre Couronne, & principaux ſeigneurs de noſtredict Conſeil. NOVS AVONS par ceſtuy noſtre preſent Edict perpetuel & irreuocable, De noſtre certaine ſcience plaine puiſſance, & authorité Royàlle, REVOCQVE, eſteinct, & ſupprimé, & par ces preſentes ſignées de noſtre main, Renoquons, eſteignons, & ſupprimons. à perpetuité leſdictes charges de Conneſtable, & Admiral de France vacquantes à preſent comme dict eſt, Sans qu'ores ny à l'aduenir elles puiſſent eſtre reſtablies pour quelque cauſe occaſion, & en faueur & côſideration de quelque perſonne que ce ſoit, Declarant tous breuetz, lettres & prouiſions qui en pourroient eſtre expediées nulles & de nul effect & valeur, comme obtenuës par ſurpriſe, & contre noz expréz vouloir & intention. Defendons à toutes perſonnes generallement quelſconques de quelque dignité, qualité, & condition qu'ils ſoyent, de nous demander par ſoy, où par autres, aucunes deſdictes charges, ſoubz peine d'encourir noſtre indignation, Et à toutes noz Courtz de Parlements, Chambres de noz Comptes, & tous autres noz officiers d'àuoir aucun eſgard

aux

aux lettres qui leur pourroient eftre prefen-
tées pour le reftabliffement & prouifion def-
dictes charges. Voulant feulement que l'on
continuë a leuer & receuoir les droictz qui
nous appartiennent à caufe d'icelles, Pour en
eftre difpofé par cy apres ainfi que nous trou-
uerons a propos d'en ordonner pour le bien de
noftre Eftat. N o v s referuant pour les
commandements & la conduite de noz
armées tant fur la terre, que fur la Mer, attribuée cy deuant à telles charges, de commettre dorefnauât quand il en fera befoing ceulx
de noz fubjectz qui en feront iugez dignes,
pour auoir rendu des preuues de leur valeur,
fidelité, & affection au bien de noftre feruice,
& de cefte Couronne, Et ce feulement pour
vn temps limité, fuiuant ce que les occations
le requerront, Sans que ceulx qui feront honorez de telles commiffions puiffent pretendre leurs pouuoirs eftants expirez aucunes re-
compenfes, pour ny eftre plus continuez.
Ayant iugé raifonnable de donner lieu d'y
paruenir a diuerfes perfonnes égallement capables de faire cognoiftre leur fidelité, &
l'experience qu'ils auront acquife au prix de
leur fang, & au peril de leur vie. Voulons
toutesfois que les officiers de Iuftice tant du

Siege de la Connestablie que l'Admirauté demeurent en pleine joüissance & function de leurs charges, jusques à ce que par nous & selon l'exigence des cas autrement en soit ordonné. SI DONNONS EN MANDE-MENT à noz amez & feaulx Conseillers, Les Gens tenans noz Courtz de Parlements, Chambres de noz Comptes, & autres noz Officiers qu'il appartiendra : Que ces presentes ils facent lire, publier, & enregistrer, Et le contenu en icelles garder & obseruer de poinct en poinct selon leur forme & teneur : Nonobstant tous Edictz, Ordonnances, & Declarations à ce contraires, Ausquelles nous auons derogé & derogeons par cesdictes presentes, CAR TEL est nostre plaisir. DONNE' à Paris au mois de Ianuier, l'an de grace Mil six cens vingt-sept, Et de nostre Regne le dixseptiéme. Signé, LOVIS. Et sur le reply, PAR LE ROY. POTIER. Et à costé, VISA. Et seellé en lacz de soye rouge & verd, du grand seel de sa Majesté en cire verd. Plus sur ledict reply des lettres de suppression des charges de Connestable & Admiral est escript,

Leuës, publiées & registrées és Registres de

la Cour, Oy & requerant le Procureur General du Roy, pour estre executées & le contenu en icelles gardé & obserué selon leur forme & teneur.   A Rouen en Parlement le
seiziéme iour d'Auril , mil six cens vingt-
sept.

Signé,   CVSSON.

EXTRAICT DES REGISTRES
de la Cour de Parlement.

VEV PAR LA COVR les Chambres assemblées les Lettres patentes en forme d'Edict, données à Paris au mois de Ianuier dernier, Par lesquelles le Roy pour les considerations y contenuës à reuoqué extaint & suprimé à perpetuité les charges de Connestable & Admiral de France vacantes à present, Sans qu'ores ny à l'aduenir elles puissent estre restablies pour quelque cause, occasion, & en faueur & consideration de quelque personne que ce soit, Declarant tous breuetz lettres & prouisions qui en pourroient estre expediées nulles & de nul effect & valeur. Se reseruant ledict Seigneur pour le commandement & la conduite de ses armées tant sur la terre que sur la Mer attribuée cy deuant à telles charges, de commettre doresnauant quand il en sera besoing ceulx de ses subjectz qui en seront trouuez dignes, *pour auoir rendu des preuues de leur valeur fidelité & affection au bien seruice & de la Couronne, & ce seulement pour vn temps limité, Suiuant que les occasions le requerront, Sans que ceulx qui seront honorez de telles commissions puissent pretendre leurs pouuoirs estans expirez aucunē recompense. Voulant toutesfois que les Officiers de Iustice tant du Siege de la Connestablie que de l'Admirauté demeurent en plaine jouyssance & function de leurs charges, ainsi que plus à plain est contenu esdictes lettres. Extraict de l'acte de demission faite & passée deuant Iahameau & Pamfort Nottaires Royaulx à Nantes, par Messire Henry Duc de Montmorency Pair & Admiral de France, de ladicte charge d'Admiral és mains dudict Seigneur Roy, pour en faire & disposer comme bon luy sembleroit du quatorziesme Aoust mil six cens vingt-six, collationnée par Dorron Nottaire & Secretaire du Roy & de ses finances, Conclusion du Procureur General dudit Seigneur*

& la matiere mise en deliberation, Tout con-
sideré. *LADICTE COVR* les
Chambres assemblées, *A ordonné* & ordonne ce requerant ledict Procureur, *Que lesdi-
ctes Lettres patentes seront leuës publiées* &
registrées, pour estre executez, & le contenu
en icelles gardé & obserué selon leur forme &
teneur. Faict à Rouen en ladicte Cour de
Parlement les Chambres assemblées, le quinziéme iour d'Auril, mil six cens vingt-sept.

Signé, **CVSSON.**

LES GENS TENANS
l'Admirauté de France au
Siege general de la Table de
Marbre du Palais à Roüen.
SÇAVOIR FAISONS, Que ce jour-
d'huy Samedy dixseptiéme d'Auril mil
six cens vingt-sept, SVR la Requeste
Iudiciairement faite par Maistre Geor-
ges Sallet Aduocat en la Cour, A ce que
lecture fust faicte des Lettres patentes
du Roy en forme d'Edict, données à
Paris au mois de Ianuier dernier, Par
lesquelles le Roy a reuoqué, estaint, &
supprimé les charges de Connestable &
Admiral de France à present vaccantes,
suiuant que le contiennent lesdites Lettres, & autres Lettres patentes données
à Saint Germain en Laye au moys d'O-
ctobre mil six cens vingt-six, Par lesquelles ledict Seigneur à creé & erigé en
tiltre d'office formé la Charge de grand
Maistre, Chef, & sur-Intendant general
de la Nauigation & commerce de Fran-

ce, Et iceluy office donné & octroyé au
Seigneur Cardinal de Richelieu, pour
en iouyr & vſer par ledict ſeigneur Cardinal, ſuiuant & conformément auſdictes lettres, enſemble des Arreſtz de la
Cour ſur ce enſuyuis dés quinzieſme &
ſaizieſme de cedict moys, Oy ſur ce le
Procureur du Roy en ce Siege, Parlant
par Maiſtre Gilles Auber Aduocat de
ſa Maieſté. LE SIEGE à accordé
& accorde acte audit Sallet de la lecture
preſentement faicte deſdictes Lettres
patentes & Arreſtz de ladicte Cour
deſſus dabtez, Et ordonné quelles ſe-
ront regiſtrées és Regiſtres de ce Siege,
pour y auoir recours toutesfois & quan-
tes, Et les vidimus d'icelles enuoyéz
par les Sieges particuliers de ceſte Pro-
uince, pour y eſtre pareillement leuz,
regiſtrez, gardez, & obſeruez ſelon leur
forme & teneur. Faict comme deſſus,
Signé, Le Noble, Auber, & Morin.